Giorgio Bolla

La Metafora

Da gesto poetico a concetto filosofico

*L'ombra del sole è
soltanto ciò che rimane*

CAPITOLO I

Chissà se Francesco ha capito che la sua realtà, la sua religione delle cose, non era altro che una straordinaria sequela di metafore.

Nel risalire col pensiero alla metafora più elevata, quella della divinità, l'uomo è costretto a reinventare i colori, le stagioni, gli atti che fecondano e condizionano la nostra vita.

Metafora come atto, come gesto di volontà e di ricerca, alla fine di libertà. La realtà reinterpretata.

Altissimu, onnipotente, bon Signore,
tue so' le laude, la gloria e l'honore et onne benedictione
Ad te solo, Altissimo, se konfano,
et nullo homo ène dignu te mentovare.
Laudato sie, mi' Signore, cum tucte le tue creature,
spetialmente messor lo frate sole,
lo qual'e' iorno, et allumini noi per lui.
Et ellu e' bellu e radiante cum grande splendore:
de te, Altissimo, porta significatione.
Laudato si', mi' Signore, per sora luna e le stelle:
in celu l'ài formate clarite et pretiose et belle.
Laudato si', mi' Signore, per frate vento
et per aere et nubilo et sereno et onne tempo,
per lo quale a le tue creature dài sustentamento.
Laudato si', mi' Signore, per sor'aqua,

la quale e' multo utile et humile et pretiosa et casta.
Laudato si', mi' Signore, per frate focu,
per lo quale ennallumini la nocte:
ed ello e' bello et iocundo et robustoso et forte.
Laudato si', mi' Signore, per sora nostra matre terra,
la quale ne sustenta et governa,
et produce diversi fructi con coloriti flori et herba.
Laudato si', mi' Signore, per quelli ke perdonano
per lo tuo amore
et sostengo infirmitate et tribulatione.
Beati quelli ke 'l sosterrano in pace,
ka da te, Altissimo, sirano incoronati.
Laudato si', mi' Signore, per sora nostra morte
corporale,
da la quale nullo homo vivente pò skappare:
guai a quelli ke morrano ne le peccata mortali;
beati quelli ke trovarà ne le tue sanctissime voluntati,
ka la morte secunda no 'l farrà male.
Laudate e benedicete mi' Signore et rengratiate
e serviateli cum grande humilitate.

[Francesco d'Assisi – "Il Cantico delle Creature"]

[I]

A chi le lodi se non a Lui, il Dio di tutti. La metafora dell'aiuto disinteressato e frutto di pura bontà.

"Altissimo, onnipotente, bon Signore,
tue so' le laude, la Gloria e l'honore et onne benedictione."

Poi anche un'entità comunque irraggiungibile, perché altissima e allora remotissima.
L'uomo mortale, dotato di morte, non arriverà mai a toccare la divina purezza: anche se la metafora è chiara.

"Ad te solo, Altissimo, se konfano,
et nullo homo ène dignu te mentovare."

È forse il sole che media questa distanza, ma è una distanza intellettuale che potrebbe schiacciarci: la sfera luminosa è benevola e apre le nostre menti al virtuale rapporto con la divinità.

Ricerca attraverso la luce.

"Laudato sie, mi' Signore, cum tucte le tue creature,
spetialmente messor lo frate sole,
lo qual'è iorno, et allumini noi per lui.
Et ellu è bellu e radiante cum grande splendore:
de te, Altissimo, porta significatione."

Nel Salmo 146 Dio conta le sue stelle e le può chiamare una ad una: il cielo è il luogo nel quale avviene il sacro colloquio.

"Laudato si', mi' Signore, per sora luna e le stelle:
in celu l'ài formate clarite et pretiose et belle."

Inevitabilmente affiora il rapporto tra l'uomo e il resto del creato, tutto ciò che lo circonda.

È il momento della bellezza, che è sempre dispensata da Dio ma ora finalmente l'uomo è partecipe in prima persona.

"Laudato si', mi' Signore, per frate vento
et per aere et nubile et sereno et onne tempo,
per lo quale a le tue creature dài sustentamento.

Laudato si', mi' Signore, per sor'aqua,
la quale è multo utile et humile et pretiosa et casta."

È l'acqua la sublimazione delle cose create, l'ipotetica via di fuga dal mondo terreno.

"Laudato si', mi' Signore, per frate focu,
per lo quale ennallumini la nocte:
ed ello è bello et iocundo et robustoso et forte."

L'uomo di Dio è obbligatoriamente forte, perché la ricerca qui ed ora è impegnativa ma permeata di grande onestà. La ricerca passa tra le cose, all'inizio con paura e dopo con serenità cerca il contatto, contatto fisico organico terrestre.

"Laudato si', mi' Signore, per sora nostra matre terra,
la quale ne sustenta et governa,
et produce diversi fructi con coloriti flori et herba."

L'uomo che cerca, che cerca te l'altro e che cerca il suo Dio.

Può essere giusta la ricerca e capace di esorcizzare la morte?

Rendere vita la morte è la metafora sacra più usata, voluta e immaginata. La necessità del bene è la chiave, la scelta vincente.

"Laudato si', mi' Signore, per quelli ke perdonano
*   [per lo tuo amore*
et sostengo infirmitate et tribulatione.

Beati quelli ke 'l sosterrano in pace,
ka da te, Altissimo, sirano incoronati.

Laudato si', mi' Signore, per sora nostra morte
*   [corporale,*
da la quale nullu homo vivente pò skappare:
guai a cquelli ke morrano ne le peccata mortali;
beati quelli ke trovarà ne le tue sanctissime voluntati,
ka la morte secunda no 'l farrà male.

Laudate e benedicete mi' Signore et rengratiate
e serviateli cum grande humilitate."

La ricerca della bellezza è la ricerca della verità, il giorno del Signore è il termine di un percorso di bellezza. Tutto, solo metafora. E se la mente corre rapida, lenta è l'anima.

[II]

CAPITOLO II

Se la metafora è anche il desiderio di praticare o percorrere le larghe strade del pensiero – e questo è vero – evidentemente con la filosofia nasce la ricerca di una spiegazione definitiva e nascosta alla libertà dell'uomo.
Ione, aedo poeta invasato posseduto dal Dio. L'arte, la poesia, la metafora come dono inspiegabile dall'alto, da ciò che è imprendibile e sicuramente inspiegabile. Dispersione sovrumana, trascendente, divina appunto.

SOCRATE : *"Ma come Proteo, tu ti tramuti in mille forme, rivolgendoti in su e in giù, finchè, da ultimo, dopo essermi sfuggito di mano, sei ricomparso condottiero, pur di non farmi vedere quanto sei bravo nella sapienza su Omero! Se dunque, come dicevo poco fa, sei bravo su Omero per arte, e, dopo avermene promesso un saggio, mi inganni, sei ingiusto. Se, invece, non per arte, ma per sorte divina, posseduto da Omero, senza che tu nulla sappia, dici molte e belle cose sul poeta, come io sostenevo, non sei ingiusto. Scegli, dunque, come tu vuoi essere considerate da noi: uomo ingiusto o uomo divino."*
  IONE : *"C'è una bella differenza, o Socrate: è molto meglio essere considerate uomo divino!"*
  SOCRATE : *"E ciò che tu ritieni essere meglio noi te lo accordiamo, o Ione: sii lodatore di Omero come un uomo divino e non come uno che ha l'arte."*

[Platone – "Ione", 541E-542B]

Bisogna cercare di fare ordine, riportare il pensiero divino o metaforico che sia nell'alveo della scienza logica, della umana interpretazione.

"*È importante servirsi convenientemente di ciascuna delle forme dette, delle parole composte, delle glosse, ma ancora molto più importante è esser ricco di traslati, perché solo questo non si può ricevere da altri ed è segno di versatilità. Il far buoni traslati è infatti saper vedere ciò che è somigliante.*"

[Aristotele – "Poetica", 59a]

[III]

Continua indefinita rincorsa di un senso filosofico o reinterpretazione del nulla?
La parola di Dioniso o l'inganno della scienza?

"Il mondo è in ogni momento la raggiunta liberazione di Dio, come la visione eternamente cangiante, eternamente nuova dell'essere più sofferente, più contrastato, più ricco di contraddizioni, che sa liberarsi solo nell'illusione: si chiami pure arbitraria, oziosa, fantastica tutta questa metafisica da artisti – l'essenziale in essa è che rivela già uno spirito che un giorno, sfidando ogni pericolo, prenderà posizione contro l'interpretazione e il significato morale dell'esistenza."

[F. Nietzsche – "Cosi' parlo' Zarathustra",parte IV°]

Una Storia oltre i limiti del tempo, un ineludibile bisogno di significato.

"Per il vero poeta la metafora non è una figura retorica, bensì un'immagine sostitutiva che gli si presenta concretamente, in luogo di un concetto."

[F. Nietzsche – "La nascita della tragedia",Cap. 8]

Per Lakoff e Johnson metafora significa non soltanto il meccanismo fondamentale per ciò che riguarda il linguaggio quotidiano, ma qui molto di più: la corteccia, la base fondante dello stesso funzionamento del processo di conoscenza.
Per parlare, e di conseguenza per pensare, noi facciamo obbligatoriamente la scelta di adottare meccanismi e modalità metaforiche: la metafora è lo strumento linguistico che meglio di qualunque altro esprime la nostra interazione corporea

col mondo esterno. Allora, pensiero e linguaggio sono definiti, e condizionati, dalla nostra struttura percettiva; non è possibile incontrare un pensiero e un linguaggio disincarnati e privi di gesti metaforici, nemmeno nel quotidiano.

Nel filosofo francese Paul Ricoeur il simbolo vive nel nocciolo della riflessione ermeneutica, simbolo-sogno come "regione del senso duplice". L'interpretazione è il modulo mentale, la chiave per passare dal significato manifesto a quello latente, nascosto alla percezione immediate. Nella metafora il senso figurato dell'esperienza umana viene espresso, ad esempio questo accade nel linguaggio letterario. Attraverso la metafora, luogo di creazione e verità, faremo l'esperienza della metamorfosi del linguaggio e della metamorfosi della realtà. La "scintilla di senso" è la metafora che vive; enunciato metaforico "come poema in miniatura".
Per Jakobson "il principio di similarità sta alla base della poesia... la prosa, invece, procede essenzialmente per rapporti di contiguità. E così la metafora per la poesia e la metonimia per la prosa costituiscono il punto di minor resistenza, e questo spiega come le ricerche sui tropi poetici siano orientate essenzialmente verso la metafora".
Verità della metafora e ridescrizione del reale e addirittura del nostro essere-al-mondo.
"Forma originaria dell'esperienza", "immagine naturale del mondo": è questa la metafora? O è solo uno "sprofondamento" rilkiano? Questo secondo Cassirer, ma per Wittgenstein ci si fa sempre un'immagine: essa non è l'immagine logica, non raffigurabile; è comunque una raffigurazione.
E Cassirer, ancora, sostiene che l'immagine del mondo è però molto più ricca del linguaggio, del mito, della conoscenza. È il raggio di luce non ancora rifratto sui diversi mezzi di

senso, si può dire un'esperienza intuitiva, non riflessiva.
Come Kant parla di idealità dello spazio e del tempo e queste identità sono l'accesso intuitivo, così la svolta all'idea presuppone una svolta alla forma simbolica, al significato.
Nella volontà di "formare" il mondo si manifesta la lotta del linguaggio, del mito, dell'arte, della conoscenza, anche della religione: qui, sempre, ci sono stadi dove fiorisce il momento demoniaco, allucinatorio, fantasmatico. Tutto come finalità senza scopo. Conta allora "divenire alla forma": questa è la forma dell'immagine naturale del mondo. Per il poeta è l'ingresso allo "sprofondamento", allo spazio interno luogo della memoria. Qui anche Heidegger cita Rilke.
Non sono posti dei limiti al momento intuitivo, esso è infinito. Ma ogni metafisica ha la sua radice nell'esperienza, proprio come sua interpretazione. Lo strumento di questo processo interpretativo è appunto il linguaggio, fondamento delle forme simboliche. Possiamo in definitiva parlare di "coscienza simbolica", dove il simbolo è il significato. E attraverso il simbolo significante si dà, si costruisce l'essere; inoltre si pone un fondamentale carattere simbolico della conoscenza stessa.
Metafora delle parole e metafora dello spazio e del tempo.
Il simbolo produce le forme e quindi la realtà.
Wittgenstein propone di travestire il pensiero col linguaggio, Cassirer sostiene che il linguaggio è sia mito che conoscenza. La forma del simbolo si autoproduce, il senso e il fenomeno originario della funzione simbolica costituiscono la storia della coscienza e la metafisica della realtà del mondo.

[IV]

CAPITOLO III

[V]

METAPHORS OF NIL

You had been at me
I led you
to see the river.
Where is the water
of your run ;

we go together again,
rosy domes
tonight
beyond our
images
sweet by azure sugar,
like the angelical
wings.
Every time at the end of the day,
and then I don't know if the night is
more fine than dawn,
its verity is a land
without paths.
Bizarre angel,
you march over the roofs of dreams,
I picture to myself your
run was wearing the time
of wish.

***

The shadows of the wind
rumble the plains
in campaniles made
by shining ochre.
To dazzle the stones
of the sun
is an easy work
for a poet,
to dig the play
of memories

works the sense
of lost falsehoods.

***

It's happened,
during the other night.
The valley-dweller wind
called for
the mountain wind,
a fast jump
of the voice
in the weak silence
of night.
The life gets away
the load
of appearance.

***

The day is thirsty
when the migrant birds are
seeking for
salty airs
by then finished a few days ago.
To favour the way,
or the flight,
as is the quiet practice among
they who bring the carriage
of their own lives.
I can't see you
and that is like leaving

the colours of return,
wet with the water
of the questions.

***

The wing was staying
in the sun
while the defenceless air goes in
the gilt contrast
of the faces.
The flower has carried
under the wings
and now they chase the mind,
when the soul is still alive
in the air.

***

The night is coming
and the Moon with its own
white border
talks about its
old nights
past between disdain
and beauty,
chasing the road
made by the sky
upon the words
of men.

*

Le avvisaglie del vento
rombano le pianure
in campanili di ocra
fulgente.

Abbacinare le pietre
del sole
è lavoro facile
per il poeta,
scavare il gioco
dei ricordi
lavora il senso
di perdute falsità.

***

È successo,
l'altra sera.
Il vento di valle
ha chiamato il vento
di montagna,
veloce il balzo
della voce
nel fioco silenzio
della sera.

La vita si toglie
il peso
dell'apparenza.

***

Assetato il giorno
uccelli di costa vanno
nella ricerca
di salmastre arie
finite ormai giorni fa.

Assecondare il cammino,
o il volo,
è quieta abitudine di chi
porta il cocchio
delle sue vite.
Non vederti
è come lasciare
i colori del ritorno,
bagnati dall'acqua
delle domande.

***

L'ala è rimasta
nel sole
mentre l'aria entra
indifesa nel contrasto
dorato dei volti.

Il fiore è portato
sotto le ali
e adesso rincorrono la mente,
quando l'anima ancora
vive nell'aria.

***

Inizia la notte
e la luna col suo
bianco contorno
parla delle sue
vecchie notti

passate tra sdegno
e bellezza,
rincorrendo la strada
fatta di cielo
sopra le parole
degli uomini.

***

[VI]

CAPITOLO IV

"Nell'ambito della realtà le cui connessioni sono formulate dalla teoria quantistica, le leggi naturali non conducono quindi ad una completa determinazione di ciò che accade nello spazio e nel tempo; l'accadere (all'interno delle frequenze determinate per mezzo delle connessioni) è piuttosto rimesso al gioco del caso"

[W. Heisenberg – "Über quantenmechanische Kinematik und Mechanik",Mathematische Annalen,1926]

La vivacità del caos, del disordine, il trionfo dell'entropia?
Aveva allora ragione Goethe nel dire che la bellezza dell'universo sta nel suo caos?
Nulla è sicuro, tutto è indeterminate, solo – al massimo – probabile.
Spacca le convinzioni il Principio di Indeterminazione di Heisenberg: dov'è la metafora, di quale realtà è il fantasma?
Il principio dimostra l'impossibilità di determinare con l'analisi e l'osservazione lo stato contemporaneo della posizione e della quantità di moto di una particella elementare come l'elettrone, il mattone della vita e del cosmo reale.
Improvvisa e violenta dicotomia tra micro e macrocosmo? Il mondo nel quale viviamo, respiriamo, desideriamo è falso, puramente virtuale? Millenni di credenze, dove ricerco o ritrovo le mie metafore? Follia della scienza, imprevedibile Signora del mondo conosciuto ed egoista padrona delle conoscenze.
Dualità onda/particella e non-località: nulla più catalogabile

con le categorie umane di spazio e di tempo e l'uomo perde la sua esclusiva capacità di prevedere la propria vita e addirittura quella dell'universo.
Metafora della metafora, forse.

La Formula è :
$$\Delta x \Delta p \geq \frac{h/2\Pi}{2}$$

in cui Δx è l'errore sulla posizione e Δp quello sulla quantità di moto, mentre $h/2\Pi$ è la Costante di Planck ridotta.
Infine è l'errore che potrebbe spiegare le cose; ma allora questa realtà parallela della metafora prende più significato, allora hanno ragione i poeti!
Come siamo sciocchi noi uomini, convinti che alla fine arriveremo a capire. Ed invece è la non-analisi ad alzare la testa, a sorridere sugli sforzi vani dei Soloni e dei buffi campioni delle sicurezze.

"La vita fugge, e non s'arresta una ora, e la morte vien dietro a gran giornate, e le cose presenti e le passate mi danno guerra, e le future ancora; e il rimembrare e l'aspettar m'accora, or quinci or quindi, sì che 'n veritate, se non ch'i ò di me stesso pietate, i sarei già di questi pensier fora... "

[F. Petrarca – "Canzoniere", CCLXXII]

[VII]

CAPITOLO V

Ora, prima della fine del giorno
arrotolo la pelle
dei miei sentieri

o inseguo il colore
dell'attesa,
verso l'angolo
del mondo.

***

Finita è la notte,
ricerca il suono
che il Mattutino
introna

tra tronchi e luci
sotto i campanili
e nella pietra
grigia
apro lo spazio.

***

Sotto le volte
d'incenso
incorono gli umili

di vittoria
e sulla tua bocca
corre il mio
bacio.
Aspetta il giogo
del cuore
solcati i prati nel fango
di montani cavalli.

***

Canto d'ingresso
o aristocrazia
del sogno

ora le tue preghiere
spaccano il senso
delle cose.

***

Bastionate di foreste
sotto cieli di nuvole
mi muovo e passo
sul giogo
del tempo

assecondo la tua
voglia di gioia
e non sai
la verità
dell'alba.

***

Beffe di morte e di vita
i fossi imbrattati
di sole
accostano maschere
a specchiarsi,
nel sacro
della metafora.

***

[VIII]

CAPITOLO VI

Con buona sicurezza un giorno dimostreremo come anche gli animali sognano e quale sia il loro mondo simbolico – o metaforico.
Le strutture cerebrali sono il risultato di un percorso evolutivo come tutto il resto del mondo organico e perciò le aree più antiche hanno trovato un loro contatto anatomo-funzionale con le zone di più recente formazione nell'evoluzione. Esiste un cervello metaforico? L'archi e il paleocerebello, coinvolti ad esempio nella sensazione di pre-morte, costituiscono la base della cosiddetta area cerebrale simbolica, di cui fa parte integrate il corpo calloso. Questa struttura mette in comunicazione l'emisfero "dominante" sinistro, deputato tra l'altro alla elaborazione del linguaggio, con il destro, che sembra maggiormente destinato alle attività artistiche e di mediazione simbolica dell'individuo.
Una lesione del corpo calloso – "split-brain" – comporta uno scollegamento ed una più evidente libertà dell'emisfero destro: l'individuo non ha coscienza delle informazioni che arrivano da quell'emisfero, la regione cerebrale appare "muta" e i processi interpretativi e percettivi non giungono alla consapevolezza.
È la corteccia frontale che raccoglie e ordina le afferenze "primordiali" a partenza dalle aree sottocorticali del Sistema Limbico emozionale che si dispone a circondare il corpo calloso.Le caratteristiche neurofisiologiche di questi circuiti neuronali è quella di scaricare a lungo, anche dopo che sia venuto meno il fattore che ne innesca l'attività. Ecco, un ricordo

recente riattivato si risveglia nel meccanismo della memoria e dopo circa mezz'ora la stessa sequenza di immagini mnestiche appare nel sogno. Forse la persistenza di un'attivazione del circolo neuronale mnestico, con mancata rimozione in sede sinaptica del neurotrasmettitore.Immagine postuma negativa della coscienza.

Dunque metafora come realtà mentale parallela e originaria, linguaggio simbolico alinguistico e prelinguistico. Qui possiamo ormai dire che lo studio neurofisiologico ha anche confermato che l'inconscio decisionale, ciò che non galleggia nel vasto mare della coscienza, a volte anticipa temporalmente (di alcuni secondi) la consapevolezza di una nostra scelta, come sostiene John-Dylan Haynes del Max Planck Institut. Più vicina al processo del sogno che a quello dell'interpretazione "quotidiana".

[IX]

CAPITOLO VII

Il mondo della poesia e quello della cosiddetta realtà sono universi distinti, paralleli, che si toccano unicamente nell'attimo della creazione poetica, la caduta nel buco nero che li fa comunicare. La poesia asciuga la parola e la porta alla metafora. Così la poesia mia nel momento in cui è scritta è già divenuta materia, è già morta. Non vive più.

LA MEMORIA E L'ATTO

Entrai. Il pesante portone che avevo appena oltrepassato era quello, credo, di uno dei numerosi palazzi secenteschi (o del settecento?) di Bologna che lambiscono in maniera possente le strade a raggiera che partono dal cuore della città. Case aristocratiche, altissime, dai tetti smisurati e dalle interne scalee a larghi gradini, bassi e polverosi. Sopra la testa affreschi monocromi quasi sempre a carattere sacro o mitologico, in residenze dichiaratamente laiche e borghesi.
Il colore di fondo, per tutta la città, il rosso mattone alternato al giallo ocra: i colori della terra e del sano sentimento dei popoli emiliani.
Non avevo capito perché ero voluto entrare. In quelle mie peregrinazioni giovanili nelle città vicine alla mia trovavo l'origine e la soddisfazione di una solitudine innata, spontanea, priva poi di orpelli cerebrali. Magari già stanco dell'assembramento dei corpi e delle

*idee, volutamente distante dal provare a pianificare la bellezza.
Il portone era pesantissimo ed era naturalmente – clamorosamente – aperto. Infilai le enormi scale e allora iniziai a vedere e toccare fisicamente (quasi a mangiare) la polvere che dominava e permeava di sè l'ambiente. Polvere grigia, aveva un proprio colore che persisteva anche quando sollevata nell'aria ferma al di sopra del tempo. Mi fermai sul primo ripiano e mi sedetti. La scena nella memoria, a cercare i circuiti adatti a far riaffiorare quel ricordo non mi permette di ricordare quanto tempo, materialmente umano, rimasi così in quell'androne, tastando attentamente la conferma dell'assenza di altre persone che potessero salire dalla scalea od uscire da una delle porte degli appartamenti.
Immenso palazzo, aveva intrappolato l'aria delle mie domande e delle mie paure.*

*Erano pochi anni che aveva cominciato a correre in macchina, forse una necessità a lungo non espressa in atto, ma ora sì.
Quel mio amico pilota, ficcato nel mondo dell'edilizia di pregio, aveva restaurato un grande palazzo della sua città – Bologna. E ci aveva messo la sua nuova casa.
La sera della inaugurazione arrivai con la mia compagna di allora e passai una serata regolare, tra pochi amici in gran parte conosciuti la stessa sera e mangiando quelle cose in piedi che assolutamente odio. Tutti a dire: "che bella casa, moderna nell'antico". Era vero, aveva davvero fatto un bel lavoro, sicuramente molto - troppo - costoso.
Serata piacevole, inutile.
Adesso, dopo parecchi mesi, solo adesso, ho capito. È affiorato alla mia coscienza il senso.
Era il palazzo della giovinezza, di un freddo giorno solitario in una città amata. Era proprio quello, ma la sera del ritorno non lo capii.*

[X]

La memoria aveva deciso che dovevo capirlo dopo, molto dopo: come se l'atto di salire una scalinata polverosa rimanesse nascosto fino all'arrivo improvviso di una luce mentale in un insulso pomeriggio di una fessa domenica casalinga, tra una tristezza e l'altra.

Entrare nel palazzo è l'ingresso in qualcosa che non è tuo e sei, tuo malgrado, costretto a capire. È la metafora dell'ingresso, la volontà della conoscenza.
Allora la metafora è vissuta, agita, ricordata, rimane al di là della stessa volontà. È un metodo mentale, un gesto psicologico prima ancora che razionale, per spiegare la realtà delle cose: realtà che "normalmente" non riusciamo mai a penetrare fino in fondo. È come l'altra faccia della medaglia, o della realtà che sia. È il risultato della prima interpretazione, al di là dei sensi e ben avanti alla devastazione razionale.

SIGISMONDO :

"È vero, sì, reprimiamo questa fiera condizione,
quest'ira, quest'ambizione,
perché poi, forse, sogniamo;
ed ormai so che esistiamo
in un mondo singolare
dove vivere è sognare,
e l'esperienza mi insegna
che l'uomo che vive sogna
fino a farsi ridestare.
Sogna il re il suo trono, e vive
nell'inganno, comandando,

*disponendo e governando,
e l'applauso che riceve in prestito,
al vento scrive, e in cenere
lo converte la morte. Sventura forte!
Chi ancora vorrà regnare
dovendosi ridestare
nel sogno della morte?
Sogna il ricco la ricchezza,
che continui affanni gli offre;
sogna il povero che soffre
la miseria e la tristezza;
sogna chi agli agi s'avvezza,
sogna chi nell'ansia attende,
sogna chi ferisce e offende,
e nel mondo, in conclusione,
sogna ognuno la passione
ch'egli vive, e non lo intende.
Io sogno la prigionia
che mi tiene qui legato,
e sognai che un altro stato
mi rendeva l'allegria.
Che è la vita? Frenesia.
Che è la vita? Un'illusione,
solo umbra, una finzione,
e il maggior bene, un bisogno,
del nulla, la vita è sogno,
e i sogni non sono che sogni."*

[P. Calderón de la Barca - "La Vita è Sogno", Atto III° - Scena XIX°]

[XI]

Poesia come metafora, immersione in un labirinto simbolo della ricerca – verità, bellezza… – totalmente celibe, afinalistica, priva di funzioni.
Perché l'immagine poetica è obbligatoriamente il frutto di un intervento concettuale (è allora forse più nobile), mentre l'immagine visiva è immediata, sensoriale.

PROSPERO: *"Mi pare, figlio mio, che voi siate in un tale stato di emozione come se foste sbigottito. State di buon animo, messere. I nostri svaghi sono finiti. Questi nostri attori, come già vi ho detto, erano tutti degli spiriti, e si sono dissolti in aria, in aria sottile. Così, come il non fondato edifizio di questa visione, si dissolveranno le torri, le cui cime toccano le nubi, i sontuosi palazzi, i solenni templi, lo stesso immenso globo e tutto ciò che esso contiene, e, al pari di questo incorporeo spettacolo svanito, non lascieranno dietro di sè la più piccolo traccia. Noi siamo della stessa sostanza di cui son fatti i sogni, e la nostra breve vita è circondata da un sonno. Io sono agitato, signore. Tollerate questa mia debolezza. Il mio vecchio cervello è turbato. Non vi prendete pena di questa mia infermità. Se volete, ritiratevi nella mia grotta e quivi riposate. Io farò uno o due giri per acquietare il mio spirito commosso."*

[W. Shakespeare – "La Tempesta", Atto IV°-Scena I°]

XII

Il sogno crea il sogno, la consapevolezza di una diversa realtà (più pura e profonda?) annienta il pensiero forte della spiegazione prima delle cose.

"Il proposito che lo guidava non era impossibile, anche se certamente sovrannaturale. Voleva sognare un uomo: voleva sognarlo con minuziosa completezza e imporlo alla realtà. Quel progetto magico aveva esaurito l'intero spazio della sua anima; se qualcuno gli avesse domandato il suo stesso nome o qualunque tratto della sua vita anteriore, non sarebbe riuscito a rispondere. Gli conveniva il tempio disabitato e cadente, perché era un minimo di mondo visibile; gli conveniva anche la vicinanza dei boscaioli, perché si incaricavano di soddisfare i suoi bisogni frugali. Il riso e la frutta del loro tributo erano alimento sufficiente per il suo corpo, dedito all'esclusivo compito di dormire e sognare....
Comprese che l'impegno di modellare la materia incoerente e vertiginosa di cui sono composti i sogni è il più arduo che un uomo possa intraprendere, anche se riuscisse a penetrare tutti gli enigmi dell'ordine superiore e di quello inferiore; molto più arduo che tessere una corda di sabbia o coniare in monete il vento senza faccia. Comprese che un fallimento iniziale era inevitabile."

[J. L. Borges – "Le rovine circolari"]

Forma concettuale come immagine: Castel del Monte, il castello di caccia di Federico "Stupor Mundi".
Il percorso per la liberazione, la purezza della forma o metafora concretizzata come immagine.
Metasogno come memoria del sogno.

[XIII]

Ange cerca
le mie mani
nelle notti costellate
dai fantasmi
del metasogno,
forme di colline
nella neve
del furore
o della dolcezza.

[XIV]

DIDASCALIE

I) Esorcizzare la morte

II) La luce irrompe nel mondo

III) Penetrare una dimensione parallela

IV) Solitudine dell'uomo

V) La ricerca senza fine

VI) Soggettività dello spazio-tempo

VII) Il viaggio

VIII) Indefinita velocità

IX) La melodia del vuoto

X) Avrai qualcos'altro ?

XI) Vita e Morte

XII) Bellezza e Purezza

XIII) Pulizia della Forma

XIV) L'assurda domanda

Fotografie

I, IV, V, VI, VII, VIII, IX, X, XI, XII, XIV   Fabio Sercia

II, III   Giorgio Bolla

XIII   Alfredfo De Giovanni

Note

Traduzioni

- F. Nietzsche tradotto dall'Autore

- J.L. Borges tradotto dall'Autore

Figures

[1] **George P. Lakoff** is an American cognitive linguist, best known for his thesis that lives of individuals are significantly influenced by the central *metaphors* they use to explain complex phenomena. The metaphor thesis, introduced in his 1980 book *Metaphors We Live By* has found applications in a number of academic disciplines and its application to politics, literature, philosophy and mathematics.

[2] **Mark L. Johnson** is Knight Professor of Liberal Arts and Sciences in the Department of Philosophy at the University of Oregon. He is well known for contributions to embodied philosophy, cognitive science and cognitive linguistics, some of which he has coauthored with George Lakoff such as *Metaphors We Live By*. However, he has also written extensively on philosophical topics such as John Dewey, Immanuel Kant and ethics.

[3] **Paul Ricœur** was a French philosopher best known for combining phenomenological description with hermeneutics. As such his thought is situated within the same tradition as other major hermeneutic phenomenologists, Martin Heidegger and Hans-Georg Gadamer.

[4] **Daniel Jacobson** works on a range of topics in ethics and moral psychology, especially issues concerning sentimentalism and the moral and political philosophy of J.S. Mill, and he has published extensively in these fields as well as

in aesthetics and political philosophy. Jacobson is currently working on the Mill volume for the Routledge Philosophers Series and a collaborative book project, *Rational Sentimentalism*, with Professor Justin D'Arms (Ohio State) for Oxford University Press.

[5] **Ernst Cassirer** was a German philosopher. Trained within the Neo-Kantian Marburg School, he initially followed his mentor Hermann Cohen in attempting to supply an idealistic philosophy of science; after Cohen's death, he developed a theory of symbolism, and used it to expand phenomenology of knowledge into a more general philosophy of culture. He is one of the leading 20th century advocates of philosophical idealism.

[6] **Ludwig Josef Johann Wittgenstein** was an Austrian-British philosopher who worked primarily in logic, the philosophy of mathematics, the philosophy of mind, and the philosophy of language. Wittgenstein's influence has been felt in nearly every field of the humanities and social sciences, yet there are widely diverging interpretations of his thought.

[7] **Max Karl Ernst Ludwig Planck**, was a German theoretical physicist who originated quantum theory, which won him the Nobel Prize in Physics in 1918.Planck made many contributions to *theoretical physics*, but his fame rests primarily on his role as originator of the quantum theory.

[8] **John-Dylan Haynes** has studied psychology and philosophy from 1992 to 1997 at the University of Bremen. Since 2006 he teaches neuroimaging at the Bernstein Center for Computational Neuroscience Berlin.

He also heads a research group at the Max Planck Institute for Cognitive and Brain Research in Leipzig.

His studies mainly concern the neural basis of consciousness in the visual and motor processes.

Sommario

CAPITOLO I	7
CAPITOLO II	14
CAPITOLO III	20
CAPITOLO IV	28
CAPITOLO V	31
CAPITOLO VI	35
CAPITOLO VII	37
Figures	55

@ Giorgio Bolla Gennaio 2016
@ Mnamon Gennaio 2016
ISBN 9788869490958

www.ingramcontent.com/pod-product-compliance
Lightning Source LLC
Chambersburg PA
CBHW041757040426
42446CB00005B/232